Mis animales favoritos

# La ardilla

35

EL PAIS

W0296379

# El simpático roedor

# Nuestra ardilla

## La ardilla roja vive en Europa y Asia

En España habita la ardilla roja o común, excepto en la isla de Fuerteventura, donde se introdujo la ardilla moruna.

Este pequeño roedor pasa la mayor parte del tiempo en los árboles. Su larga y esponjosa cola, que mide casi lo mismo que el cuerpo, le ayuda a equilibrarse cuando corre por las ramas.

**EL PELAJE**

**Más oscuro y grueso en invierno que en verano, es de color pardo, castaño o rojizo en la espalda y blanco por delante.**

**PINCEL AURICULAR**

**En invierno sus orejas terminan en unos pelos en punta que caen cuando llega el buen tiempo.**

**¿Sabías que...?**
Entierra semillas en el suelo para comérselas posteriormente. Si se las olvida, pueden germinar y crecer un árbol.

# Arriba y abajo

## Sus movimientos son ágiles y veloces

**VER POR DONDE ANDA**
Su excelente vista le permite calcular muy bien las distancias cuando se mueve.

Gracias a sus fuertes garras, que se clavan en la corteza, desciende siempre del árbol con la cabeza hacia abajo. ¡Toda una acróbata!

Se desplaza a cuatro patas de aquí para allá entre los árboles, pero también puede apoyarse en las patas traseras, mayores que las delanteras, para sostenerse en posición bípeda.

**Cuando está de pie, utiliza las patas delanteras como si fueran manos para sujetar los alimentos que pela y come.**

**¿Sabías que...?**
La ardilla es amistosa y tolera la presencia humana. Se la puede ver en los parques urbanos aceptando comida que le da el hombre.

# ¡Comer, comer!

## Acumular alimento es su actividad principal

Muy sensible a la temperatura, está activa durante las horas más frescas del día: al amanecer y al atardecer.

**¿Sabías que...?**
Con la práctica y gracias a sus potentes incisivos, la ardilla es capaz de abrir una nuez en sólo unos segundos.

Se alimenta de frutos secos y semillas, setas, huevos e incluso invertebrados en épocas de escasez. Todo lo roe con sus afilados incisivos, que no dejan de crecer.

**Y BEBER, BEBER**
La ardilla necesita vivir cerca de manantiales o arroyos para tener agua asegurada para beber.

**¡Qué flor más rica!**

**DIETA FLORAL**
La ardilla terrestre de Columbia come flores, como este diente de león.

# Tiempo de unión

## La ardilla se reúne para aparearse

**¿Sabías que...?**
El primer año, las hembras primerizas sólo tienen un parto. A partir del segundo año, ya son posibles dos partos.

### DEPENDE DE LA COMIDA

**Como la mayoría de los roedores, se reproduce si hay suficiente alimento y el clima acompaña.**

### BLANDITO Y CALENTITO

**Apoya el nido entre las ramas de un árbol y lo tapiza con hojas y musgo para que conserve la temperatura.**

La ardilla roja vive en solitario, excepto cuando tiene que reproducirse. Normalmente tiene dos periodos de celo: uno en primavera y otro a finales de verano.

**Durante el celo los machos persiguen a las hembras de árbol en árbol. Tras el apareamiento, la gestación dura de 40 a 60 días.**

# Bienvenida al mundo

## El nacimiento de la ardilla

**¡QUÉ PEQUEÑITA!**
**La ardilla recién nacida pesa 12 g. Nace sin pelo y con los ojos y los oídos cerrados.**

**A la cuarta o quinta semana de vida ya pueden ver y oír. Su madre las amamanta hasta entonces.**

Las camadas son normalmente de una a seis crías. La hembra las cuida y protege de los depredadores durante las aproximadamente 12 semanas que están en el nido.

**A las 8-10 semanas del nacimiento, empiezan a salir del nido por su propio pie y a tomar alimentos sólidos.**

# Sus enemigos

## El hombre y los depredadores

**¿Sabías que...?**
En la antigua Unión Soviética, la caza abusiva para usar su piel en la confección de abrigos redujo su número.

**PELIGRO: LA MARTA**

Este animal es uno de los depredadores de la ardilla roja en España, así como el gato montés, la garduña y las rapaces.

**ESPECIES NO AUTÓCTONAS**

El número de ardillas rojas se redujo en Gran Bretaña cuando fue introducida la ardilla gris, que propagó un virus letal.

Además de sus múltiples depredadores, la ardilla se enfrenta a la destrucción que hace el hombre de su hábitat y al uso de pesticidas, que la intoxican o disminuyen su fecundidad.

Los humanos contaminan su hábitat y la cazan para utilizar su piel o para disecarla. Por eso, siempre está alerta ante el peligro.

# En el suelo

## Las ardillas terrestres no viven en los árboles

**TODOS DENTRO**
En la madriguera de esta ardilla terrestre pueden vivir ¡hasta 30 individuos!

**¿Sabías que...?**
Las ardillas terrestres árticas pueden estar hibernando durante ocho meses, desde septiembre hasta mayo.

¡Me estoy poniendo morada!

**LOS ABAZONES**
Son las bolsas de las mejillas donde guardan el alimento. Pueden llegar a extenderse hasta detrás de la cabeza.

Se caracterizan porque viven en el suelo, donde excavan sus madrigueras, y por las bolsas en las mejillas. Las que habitan en las zonas más al norte se aletargan en invierno.

La ardilla terrestre listada se identifica por las bandas negras y blancas que le recorren el dorso.

# Y por el aire

## Las ardillas voladoras

**EL PATAGIO**

**Así se llama la piel que une sus cuatro patas y que extiende, como un paracaídas, para volar hasta 45 m.**

**CONTROL DEL VUELO**

**Con su larga y aplanada cola se equilibra en el aire, y con las patas delanteras cambia el ángulo del vuelo.**

Más que volar, estas ardillas planean, lanzándose de un árbol de cierta altura a otro más bajo. Para ello disponen de una membrana de piel, el patagio, que une las patas delanteras y las traseras.

A diferencia de la ardilla común, ésta es nocturna: por la noche abandona su nido para buscar semillas, nueces, frutas, hojas e insectos.

# Vida en grupo

## El perrito de la pradera

**DEFENDIENDO LA CIUDAD**

**Protegen la madriguera con aullidos, enseñando los dientes y poniendo la cola hacia arriba.**

¡Auuuuuuuuuuuuu!

Cuando la madriguera está demasiado llena de perritos, los padres la ceden a sus crías y ellos excavan nuevos túneles.

Esta ardilla terrestre vive en conjuntos de madrigueras que se llaman ciudades de los perritos y que pueden albergar a miles de ejemplares. Le gusta estar bien acompañada.

**Se reproducen muy rápido, con camadas de hasta ocho crías. Las madrigueras conectadas entre sí son un refugio para ellas.**

**¿Sabías que...?**
Se les llama perritos de las praderas porque emiten un aullido similar al de un perro y porque viven en hábitats con pasto.

# La más dormilona

## La marmota también es una ardilla

### DORMIR JUNTOS

Hiberna en grupos de unos 15 individuos. La última que entra en la madriguera la tapa con tierra.

### EL DESPERTAR

En primavera finaliza la hibernación y empieza el celo. Los machos luchan para aparearse con las hembras.

¡Qué bien he dormido!

Quizá te hayan dicho: "Duermes más que una marmota". Te comparan con este animal que se aletarga durante el invierno. Según la especie, puede dormir hasta ocho meses.

Es una de las ardillas terrestres más grandes y robustas. Se alimentan principalmente de hierba.

**¿Sabías que...?** El 2 de febrero se celebra en Norteamérica y Canadá el día de la marmota, que da la bienvenida a la primavera.

# Hablar con signos

## Cómo se comunican

### ¿Y TÚ QUIÉN ERES?

Los perritos de las praderas se tocan y saludan para identificarse cuando se encuentran en la madriguera.

### ¡Peligro a la vista!

### HABLO CON LA COLA

Le sirve para comunicarse. Cuando la golpea contra el suelo, significa: "¡Vete de aquí!"

### ALERTA PARA EL GRUPO

Un ruidoso chillido advierte de riesgos como la proximidad de un depredador.

La ardilla tiene un amplio repertorio de signos y sonidos para comunicarse, sobre todo las que viven en grupo. Con chillidos, saltos o movimientos de su cola dicen muchas cosas.

**Según su frecuencia y duración, sus chillidos pueden indicar desde un saludo hasta un grito de alarma.**

# Glosario

## La ardilla de la A a la Z

**ABAZÓN**
Cada uno de los dos sacos o bolsas que tienen dentro de la boca algunos roedores y que sirven para guardar los alimentos antes de masticarlos.

**AUTÓCTONO**
Que ha nacido o se ha originado en el mismo lugar donde se encuentra. Por ejemplo, la ardilla gris no es la especie autóctona de Gran Bretaña.

**BÍPEDA**
Con los dos pies. Los humanos andan en esta posición y la ardilla la adopta para comer, vigilar...

**CAMADA**
Conjunto de las crías de algunos animales nacidas en el mismo parto.

**ESTÉRIL**
Que no da fruto, no produce nada o no puede reproducirse. Es lo que le ocurre a la ardilla cuando se utilizan pesticidas en su hábitat.

### INCISIVO

El diente que se encuentra en la parte más saliente de las mandíbulas. La ardilla tiene dos incisivos, largos, curvos y de crecimiento continuo.

### LETARGO

Es el periodo de tiempo en que algunos animales permanecen en reposo absoluto. Ocurre en invierno cuando hace mucho frío. La ardilla roja no cae en letargo, pero sí la marmota.

### PATAGIO

Membrana de piel que une las patas delanteras y traseras de la ardilla voladora y que al extender sus extremidades le permite planear.

### PESTICIDA

Producto químico utilizado para acabar con las plagas. Se emplea para combatir la procesionaria del pino, pero también intoxica a la ardilla.

### PINCEL AURICULAR

Mechones de pelos, gruesos y en punta, que crecen en las orejas de las ardillas en invierno para protegerlas del frío. Pasada esta estación, caen.

### PRIMERIZA

Se denomina así a la hembra que pare por primera vez. Cuando tienen 10 o 12 meses, las ardillas hembras ya pueden parir.

### ROEDOR

Son animales mamíferos, normalmente pequeños, con cola e incisivos que les sirven para roer, es decir, para rasgar el alimento hasta hacerlo pedazos pequeños. Además de la ardilla, son roedores el ratón y el castor.

# Conócela mejor

**ARDILLA COMÚN O ROJA**
**Sciurus vulgaris**

**Clase:** mamíferos
**Orden:** roedores
**Familia:** esciúridos

**Peso:** entre 18 y 36 g
**Longitud (sin cola):** entre 19 y 24 cm
**Cola:** entre 15 y 20,5 cm

**Longevidad:** hasta 6 años en libertad (10 años en cautividad)
**Gestación:** de 40 a 60 días
**Camada:** de 1 a 6 crías

**Hábitat:** bosques de coníferas y caducifolios
**Geografía:** Europa y norte de Asia

# Una fábula

# Feliz como una ardilla

## Inspirado en una leyenda senegalesa

Basta observar sus ojos chispeantes y la ligera sonrisa que los ilumina para darse cuenta de que la ardilla es un ser inteligente: sabe ser feliz, algo que muy pocos animales sabemos.

–¿Y cómo lo logra?

Para empezar, sabe alimentarse de los ricos manjares que encuentra en su entorno, sin necesidad de realizar viajes exóticos, ni siquiera por las satinadas páginas de los libros de gastronomía. Come todo tipo de semillas, roe las piñas hasta alcanzar los piñones, ingiere brotes, tubérculos, hongos, avellanas, nueces, bellotas, hayucos, moras, líquenes, muérdago y, en épocas de gran escasez, hasta alguno que otro gusanillo. ¡Dios lo tenga en su gloria!

Como no sólo de comida vive la ardilla, suele merodear por las ramas de los árboles, donde

construye su casa, con una puerta de entrada y, por las dudas, otra de salida: uno nunca sabe en qué momento una visita inoportuna interrumpe la felicidad, que acaso es felicidad porque de vez en cuando se ve interrumpida y, por lo tanto, nuevamente deseada.

–Si no fuese así, acaso ser feliz sería muy aburrido... La ardilla suele recorrer grandes distancias dando saltos de rama en rama y de árbol en árbol, pero no por eso cree que vuela ni piensa que el mejor de los mundos está siempre en otro lado.

Acaso para no convencerse de que lo suyo son sólo las alturas, también desciende a tierra firme y realiza prolongados paseos. Le encanta, por ejemplo, esconderse entre los matorrales. Sentada sobre sus patas traseras, sin por ello vanagloriarse

de ser bípeda, observa el mundo, este que los seres humanos consideramos nuestro. La ardilla sabe que ninguna butaca de teatro le deparará escenas tan curiosas, a veces muy risueñas, muchas más veces muy tristes, y, sin embargo, siempre pasajeras, aunque al ser humano le parezcan eternas.

Hace mucho tiempo –aunque es como si hubiese sido esta misma mañana–, la ardilla vio pasar un ejército erizado de cañones, fusiles y banderas.

Aunque los soldados iban entonces cantando, la ardilla supo de inmediato que los que volviesen, si alguno volvía, lo harían en silencio, mudos de fatiga y espanto.

–¿Cómo hizo la ardilla para seguir siendo feliz?

–Es difícil saberlo, porque los seres humanos no somos ardillas, pero sí se sabe que la ardilla trepó a lo más alto de los árboles, se fue por las ramas y agradeció no ser bípeda y no ser tampoco sólo cuadrúpeda, porque, en los momentos más difíciles de la vida, su hermosa cola, más larga que todo su cuerpo, es la que le permite no perder el equilibrio.

–¡Quién fuese ardilla!

–En realidad, ¡quién supiese ser feliz!

**Fin**

# Actividades

# Busca las diferencias

Estas dos fotografías parecen iguales, pero entre ellas hay cinco diferencias. Señálalas en la foto de abajo.

# Lección de zoología

Escribe en los círculos una V si la frase es verdadera o una F si crees que es falsa.

- ◯ La marta es un depredador de la ardilla común.
- ◯ La ardilla siempre va a cuatro patas.
- ◯ Da un chillido para alertar de un peligro.
- ◯ Sus incisivos no dejan de crecer.
- ◯ Tiene una vista excelente.
- ◯ La ardilla roja hiberna en invierno.
- ◯ El perrito de la pradera vive en grupo.
- ◯ La marmota puede planear.

# ¡Qué animalada!

Nuestro amigo hizo tan mal las fotos que ahora no sabe a qué animales corresponden. ¿Le ayudas?

# Palabras cruzadas

Encuentra las distintas partes del cuerpo de una ardilla: PATAGIO, ABAZONES, INCISIVO, GARRAS y COLA.

| | | | | | | | | |
|---|---|---|---|---|---|---|---|---|
| P | A | T | A | G | I | O | Z | A |
| A | R | S | Z | R | N | R | U | B |
| R | L | E | T | R | C | L | L | A |
| I | R | R | H | R | I | O | U | Z |
| G | A | R | R | A | S | R | E | O |
| R | T | L | O | R | I | S | Z | N |
| C | O | L | A | Y | V | A | R | E |
| R | T | S | C | E | O | S | A | S |

# Encuentra el camino

Esta ardilla roja está muy hambrienta. Señálale el camino que debe seguir entre las ramas para llegar a las bellotas.

# El juego de las sombras

Estas cuatro ardillas despistadas han perdido su sombra. ¿Las ayudas a recuperarla? Pon el número correcto.

# Identifica estas ardillas

Escribe debajo de la foto el nombre de estas ardillas: TERRESTRE, VOLADORA, ROJA, MARMOTA y PERRO DE LA PRADERA.

# Resuelve el crucigrama

Lee las frases atentamente y escribe las soluciones en sus correspondientes casillas numeradas.

**Horizontales**

(1) Blandito y calentito, en él crecen las crías de ardilla.

(2) En esta posición se pone la ardilla, apoyada sobre sus dos patas traseras.

(3) La entierra en el suelo. Si se olvida de ella, crece un árbol.

**Verticales**

(1) Frutos secos y uno de sus alimentos preferidos.

(2) Es el estado de reposo en el que cae la marmota durante el invierno.

(3) La ardilla está activa durante el ... y el atardecer.

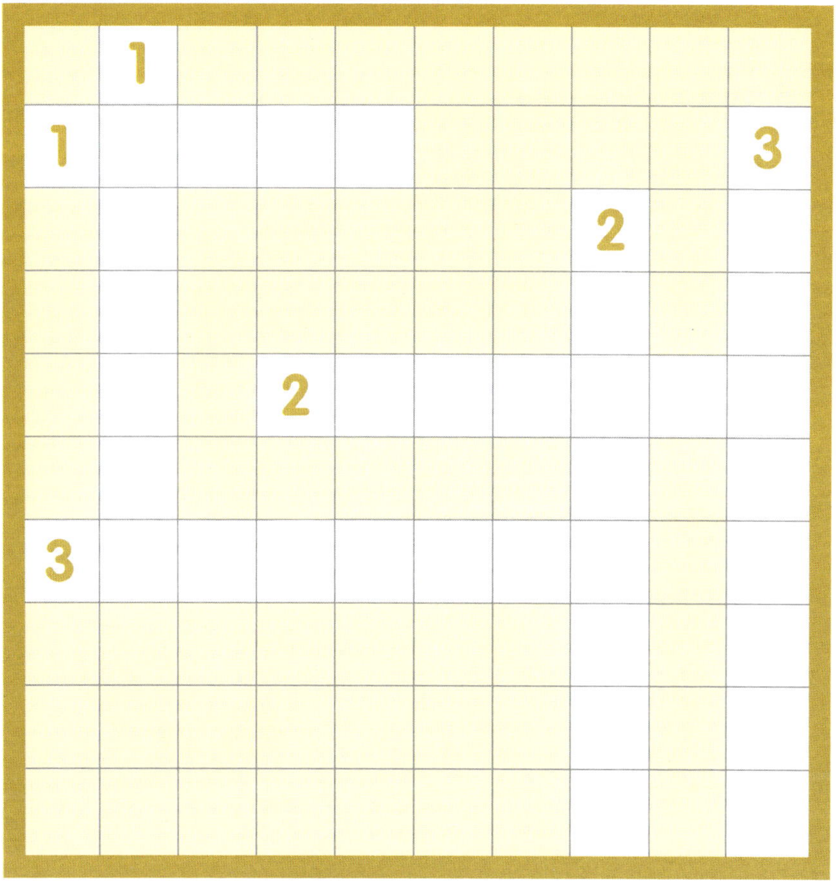

# Soluciones

## Página 38

## Página 39

De arriba abajo:
Verdadero, falso, verdadero, verdadero, verdadero, falso, verdadero, falso.

## Página 40

1. Pelícano
2. Jabalí
3. Tigre
4. Cabra montés
5. Zorro
6. Lince

## Página 41

| | | | | | | | | |
|---|---|---|---|---|---|---|---|---|
| P | A | T | A | G | I | O | Z | A |
| A | R | S | Z | R | N | R | U | B |
| R | L | E | T | R | C | L | L | A |
| I | R | R | H | R | I | O | U | Z |
| G | A | R | R | A | S | R | E | O |
| R | T | L | O | R | I | S | Z | N |
| C | O | L | A | Y | V | W | R | E |
| R | T | S | C | A | O | S | A | S |

## Página 42

## Página 43

## Página 44

Perro de la pradera, marmota, roja, voladora y terrestre.

## Página 45

| | | | | | | | | | |
|---|---|---|---|---|---|---|---|---|---|
| | 1 | | | | | | | | |
| 1 | N | I | D | O | | | | | 3 |
| | U | | | | | | 2 | | A |
| | E | | | | | | L | | M |
| | C | | 2 | B | Í | P | E | D | A |
| | E | | | | | | T | | N |
| 3 | S | E | M | I | L | L | A | | E |
| | | | | | | | R | | C |
| | | | | | | | G | | E |
| | | | | | | | O | | R |

editorialSol90

**MIS ANIMALES FAVORITOS**

ISBN: 978-84-9820-451-3 / 84-9820-451-8
Depósito legal: M-33268-2006
Impreso y encuadernado en UE

**Idea y concepción de la obra:** Editorial Sol 90, S.L.
**Coordinación editorial:** Emilio López, Rosa Salvía
**Redacción:** Gonzalo del Castillo, María José Gómez, Teresa Mas, Vicente Ponce, Mar Valls
**Adaptación de las fábulas:** Alberto Szpunberg
**Diseño:** Clara Miralles, Violeta Valle
**Diagramación:** Paola Fornasaro, María Nolis, Francesc Pallarés
**Producción de muñecos y fotografía:** Leonardo César, Matias Barbati
**Fotografía:** Age Fotostock, Getty Images, S.L.
**Edición gráfica:** Alberto Hernández
**Asesor científico:** Jordi Marrón
**Corrección:** Alicia Conde